LA PAIX ET L'OPINION.

SAINT-QUENTIN.

Typographie et Lithographie d'Ad. MOUREAU, Place de l'Hôtel-de-Ville, n° 7.

LA PAIX

ET

L'OPINION,

PAR

Félix RIBEYRE.

Rédacteur en chef du Journal de Saint-Quentin.

PARIS.

E. DENTU, Libraire-Éditeur, Galerie d'Orléans, 13, Palais-Royal.

—

1859

AVANT-PROPOS.

LES TRAITÉS DE 1815.

La *Question Italienne*, au point de vue diplomatique, repose entièrement sur les actes du Congrès de Vienne du 9 juin 1815. La place de ce document explicatif est naturellement indiquée en tête d'une étude sur l'origine de la domination autrichienne en Italie :

Anciennes possessions Autrichiennes.

Art. 93. — Par suite des rénonciations stipulées dans le Traité de Paris du 30 mai 1814, les puissances signataires du présent traité reconnaissent S. M. l'Empereur d'Autriche, ses héritiers et successeurs, comme souverain légitime des provinces ou territoires qui avaient été cédés, soit en tout, soit en partie, par les traités de Campo-Formio (1699), de Lunéville (1801), de Presbourg (1805), la convention additionnelle de Fontainebleau (1807), le traité de Vienne (1809), et dans la possession desquelles provinces et territoires S. M. I. et R. Apostolique est rentrée par suite de la dernière guerre ;

Tels que l'Istrie, tant autrichienne que ci-devant vénitienne, la Dalmatie, les îles ci-devant vénitiennes de l'Adriatique, les bouches du Cattaro, la ville de Venise, les lagunes, de même que les autres provinces ou districts de la terre ferme des états ci-devant vénitiens sur la rive gauche de l'Adige, les duchés de Milan et de Mantoue, les principautés de Brixen et de Trente, le comté du Tyrol, le Voralberg, le Frioul autrichien, le Frioul ci-devant vénitien, le territoire de Montefalcone, le gouvernement et la ville de Trieste, la Carniole, la Haute-Carinthie, la Croatie à droite de la Save, Fiume et le littoral hongrois et le district de Castua.

Pays réunis à la monarchie autrichienne.

Art. 94. — S. M. I. et R. apostolique réunira à sa monarchie, pour être possédés par elle et ses successeurs en toute propriété et souveraineté:

1° Outre les parties de la terre ferme des Etats vénitiens dont il a été fait mention dans l'article précédent, les autres parties desdits Etats, ainsi que tout autre territoire qui se trouve situé entre le Tessin, le Pô et la mer Adriatique;

2° Les vallées de la Valteline, de Bormio et de Chiavenna;

3° Les territoires ayant formé la ci-devant république de Raguse.

Frontières Autrichiennes en Italie.

Art. 93. — En conséquence des stipulations arrêtées dans les articles précédents, les frontières de S. M. I. et R. apostolique seront:

1° Du côté des Etats de S. M. le roi de Sardaigne, telles qu'elles étaient au 1er janvier 1792;

2° Du côté des Etats de Parme, Plaisance et Guastalla, le cours du Pô, la ligne de démarcation suivant le Thalweg de ce fleuve;

3° Du côté des Etats de Modène, les mêmes qu'elles étaient au 1er janvier 1792;

4° Du côté des Etats du pape, le cours du Pô jusqu'à l'embouchure du Goro;

5° Du côté de la Suisse, l'ancienne frontière de la Lombardie, et celle qui sépare les vallées de la Valteline, de Bormio et Chiavenna, des cantons des Grisons et du Tessin. Là où le Thalweg du Pô constituera la limite, il est statué que les changements que subira par la suite le cours de ce fleuve, n'auront à l'avenir aucun effet sur la propriété des îles qui s'y trouvent.

Etats de Modène et de Massa et Carrara.

S. A. R. l'archiduc François d'Este, ses héritiers et successeurs, posséderont en toute propriété et souveraineté les duchés de Modène, de Reggio et de Mirandole, dans l'étendue qu'ils étaient à l'époque du traité de Campo-Formio.

S. A. R. l'archiduchesse Marie-Béatrix d'Este, ses héritiers et successeurs, posséderont en toute souveraineté et propriété le duché de Massa et la principauté de Carrara, ainsi que les fiefs impériaux dans la Lunigiana.

Ces derniers pourront servir à des échanges ou autres arrangements de gré à gré avec S. A. I. le grand-duc de Toscane selon la convenance réciproque.

Parme et Plaisance.

Art. 99. — S. M. l'impératrice Marie-Louise possédera en toute propriété et souveraineté les duchés de Parme, de Plaisance et de Guastalla, à l'exception des districts enclavés dans les Etats de S. M. I. et R. A. sur la rive gauche du Pô.

Possessions du grand-duc de Toscane.

Art. 100. — S. A. I. l'archiduc Ferdinand d'Autriche est rétabli, tant pour lui que pour ses héritiers et successeurs dans tous les droits de souveraineté et propriété sur le grand-duché de Toscane et ses dépendances, ainsi que S. A. I. les a possédés antérieurement au traité de Lunéville.

Les stipulations de l'article 2 du traité de Vienne du 3 octobre 1735, entre l'empereur Charles VI et le roi de France, auxquelles accédèrent les autres puissances, sont pleinement rétablies en faveur de S. A. I. et ses descendants, ainsi que les garanties résultant de ces stipulations.

Il sera en outre réuni audit grand-duché pour être possédé en toute propriété et souveraineté par S. A. I. et R. le grand-duc Ferdinand et ses héritiers et descendants :

1° L'Etat des Présides ;

2° La partie de l'isle d'Elbe et de ses appartenances qui était sous la suzeraineté de S. M. le roi des Deux-Siciles, avant l'année 1801 ;

3° La suzeraineté et souveraineté de la principauté de Piombino et ses dépendances.

Principauté de Piombino.

Le prince Ludovisi Buoncompagni conservera pour lui et ses successeurs légitimes toutes les propriétés que sa famille possédait dans la principauté de Piombino, dans l'isle d'Elbe et ses dépendances, avant l'occupation de ces pays par les troupes françaises en 1799, y compris les mines, usines et salines.

4° Les ci-devant fiefs impériaux de Vernio, Montanto et Monte-Santa-Maria, enclavés dans les Etats Toscans.

Duché de Lucques.

Art. 101. — La principauté de Lucques sera possédée en toute souveraineté par S. M. l'Infante Marie-Louise et ses descendans en ligne directe et masculine. Cette principauté est érigée en Duché, et conservera une forme de gouvernement basée sur les principes de celle qu'elle avait reçue en 1805.

Il sera ajouté aux revenus de la principauté de Lucques une rente de cinq cent mille francs, que S. M. l'Empereur d'Autriche

et S. A. I. le grand-duc de Toscane s'engagent à payer régulière-
ment, aussi longtemps que les circonstances ne permettront pas de
procurer à S. M. l'Infante Marie-Louise, à son fils et à ses descendans, un autre établissement.

Réversibilité du Duché de Lucques.

Art. 102. — Le duché de Lucques sera réversible au grand-duc
de Toscane, soit dans le cas qu'il devînt vacant par la mort de
S. M. l'Infante Marie-Louise ou de son fils don Carlos, et de leurs
descendans mâles et directs, soit dans celui que l'Infante Marie-
Louise ou ses héritiers directs obtinssent un autre établissement ou
succédassent à une autre branche de leur dynastie.

Toutefois, le cas de reversion échéant, le grand-duc de Toscane
s'engage à céder, dès qu'il entrera en possession de la principauté
de Lucques, au duc de Modène, les territoires suivants :

1° Les districts toscans de Fivizano, Pietra-Santa et Barga ;

2° Les districts luquois de Castiglione et Gallicano enclavés dans
les États de Modène, ainsi que ceux de Minucciano et Monte-Ignoso,
contigus au pays de Massa.

Dispositions relatives au Saint-Siège.

Art. 103. Les Marches avec Camerino et leurs dépendances,
ainsi que le duché de Bénévent et la principauté de Ponte-Corvo,
sont rendus au Saint-Siège.

Le Saint-Siège rentrera en possession des lég...ons de Ravenne,
de Bologne et Ferrare, à l'exception de la partie du Ferrarais, située
sur la rive gauche du Pô.

S. M. I. et R. A. et ses successeurs auront droit de garnison dans
les places de Ferrare et Commachio.

Les habitans des pays qui rentrent sous la domination du Saint-
Siège par suite des stipulations du Congrès jouiront des effets de
l'article 16 du Traité de Paris du 30 mai 1814. Toutes les acquisi-
tions faites par les particuliers en vertu d'un titre reconnu légal
par les lois actuellement existantes, sont maintenues, et les dispo-
sitions propres à garantir la dette publique et le paiement des pen-
sions, seront fixées par une convention particulière entre la cour
de Rome et celle de Vienne.

Rétablissement du roi Ferdinand IV à Naples.

Art. 104. S. M. le roi Ferdinand IV est rétabli, tant pour lui
que pour ses héritiers et successeurs, sur le trône de Naples, et reconnu par les puissances comme Roi du royaume des Deux-Siciles.

(Moniteur du 20 juillet 1815, supplément).

LA PAIX ET L'OPINION.

UN MOT.

La politique extérieure, longtemps silencieuse et assoupie, vient de se réveiller tout-à-coup, et ce brusque réveil, au milieu du calme des esprits et des préoccupations d'une nation industrielle et commerçante, a produit de funestes inquiétudes. Au sein de la paix publique, des mots redoutés se sont fait entendre : Guerre, coalition, conflagration générale, alliance offensive et défensive, langage belliqueux et malsonnant aux oreilles d'un peuple d'agriculteurs, de manufacturiers et d'hommes d'affaires. De la Bourse, prompte à s'alarmer, la panique gagne la capitale tout entière et envahit les départemens. On ne connaît pas très-bien le danger que l'on redoute, mais chacun partage l'épouvante commune et la confiance est altérée. Ainsi (qu'on nous pardonne une comparaison) on voit parfois, dans la campagne, les cultivateurs quitter tout-à-coup leurs travaux pour fuir un orage qui passe au-dessus de leurs têtes, sans les atteindre.

Mais la peur est aveugle, et dans les premiers instants, tout ce que l'on tente pour la dissiper ne fait que l'accroître et l'activer. Aujourd'hui, grâce à d'augustes conseils partis du Trône même, grâce au concours intelligent des organes les plus considérés de la Presse, la tension des esprits semble décroître et une appréciation plus saine et plus réfléchie, touchant les difficultés pendantes en diplomatie, va, sans aucun doute, remplacer des jugements téméraires ou de folles terreurs.

Le moment nous a paru bien choisi pour inviter les lecteurs sérieux et les hommes animés d'intentions loyales à étudier avec nous la situation politique, et remonter, l'histoire en main, à l'origine de cette *question italienne*, assez embrouillée pour donner raison, au moins en apparence, à ceux qui veulent y voir le nœud gordien de l'époque contemporaine. Quant à nous, il nous semble plus logique et surtout plus digne d'une grande nation, qui a l'honneur de marcher en tête du progrès et de la civilisation, il nous semble plus logique et plus digne, disons-nous, de nous approcher du fantôme que de nous tenir à distance. Eclairons le présent avec l'expérience du passé et surtout gardons-nous bien d'arrêter les engrenages de nos fabriques ou de restreindre nos transactions parce qu'un nuage a paru à l'horizon politique. C'est dans le but de dire notre petit mot sur toutes ces choses et quelques autres encore que nous avons écrit cette modeste brochure, dédiée à nos Confrères de la Presse départementale.

I

Pour quiconque a suivi avec attention le mouvement des esprits dans ces derniers temps, il n'est pas douteux que le Discours de l'Empereur, à l'ouverture de la Session législative, n'ait exercé une influence salutaire sur le courant de l'opinion publique et calmé des appréhensions funestes au repos du pays. Mais les impressions mauvaises se sont-elles évanouies complètement sous la parole loyale et sincère du Chef de l'Etat, et peut-on croire que cette nouvelle page de l'éloquence Napoléonienne ait répondu à toutes les objections et chassé tous les doutes ?

Hélas ! non.

Un Discours officiel, nécessairement circonscrit dans des bornes restreintes, et limité, dans ses développemens et sa forme, par les circonstances dans lesquelles il se présente et par la réserve prudente de la diplomatie, ne dépasse pas le cercle des idées générales et esquisse à grands traits le tableau de la situation intérieure d'un pays et de ses relations avec les puissances étrangères. C'est la pensée souveraine émise du haut du Trône et placée trop « au-dessus de la région infinie où se débattent des intérêts vulgaires [*] » pour aborder des questions de détails et disputer pied à pied le terrain à l'erreur ou à la mauvaise foi.

Mais les développements interdits au Souverain,

[*] Suivant l'expression même de l'Empereur dans le Discours prononcé à l'ouverture de la Session législative de 1859, le 7 février dernier.

s'adressant aux grands dignitaires de l'Etat et aux mandataires du pays, sont parfaitement à leur place sous la plume du publiciste. Sa mission — mission noble et élevée — est de faire pénétrer dans les masses les enseignements de la vérité et les inspirations parties d'en haut. Il sert, pour ainsi dire, d'intermédiaire entre la pensée qui gouverne et le peuple qui agit; et voilà pourquoi la Presse est une puissance protectrice ou fatale, suivant qu'elle agite le drapeau de l'ordre ou la torche incendiaire.

Dans la situation présente, le rôle du publiciste dévoué à la cause de la vérité et aux institutions protectrices de la France est donc nettement tracé: faire connaître respectueusement au Pouvoir les idées et les sentimens de la nation, et, en même temps, éclairer le pays sur le caractère de la politique gouvernementale et les principes qui la dirigent. Cette tâche loyalement accomplie a pour résultat de prévenir des malentendus regrettables et de raffermir la confiance. Elle renverse ainsi les tentatives des fauteurs de trouble et des propagateurs de fausses nouvelles. Elle fait plus, elle crée ce qu'on a si bien nommé *la Foi politique.*

II

Pour tout homme sérieux qui aime à pénétrer au fond des choses, si le pays s'est ému au premier bruit d'une déclaration de guerre à l'Autriche, c'est moins par aversion pour la guerre en elle-même, que par crainte de voir le Gouvernement de l'Empereur changer tout-à-coup une politique de paix, de modération et de réformes civilisatrices, contre des idées de domination et de conquêtes. L'écho du canon n'a rien d'effrayant pour des oreilles françaises; car tous, plus ou moins, nous sentons couler dans nos veines le sang de ces intrépides soldats du premier Empire. Mais la génération actuelle, qui sait être brave et vaillante comme son aînée, — les victoires si chèrement achetées, mais si glorieuses de l'expédition de Crimée : Alma, Inkermann, Balaklava, Traktir, Sébastopol, en sont la preuve — cette génération, disons-nous, n'a entendu depuis bientôt dix ans sortir de la bouche du Souverain que des paroles de paix et de fermeté calme et digne. Les admirables déclarations du Discours de Bordeaux, rappelées récemment dans une circonstance solennelle, sont encore présentes à sa pensée. Qu'on nous permette de citer ici quelques passages de cette éloquente allocution à laquelle la France applaudit par huit millions de suffrages :

« Il est néanmoins une crainte à laquelle je
» dois répondre ; par esprit de défiance, certaines
» personnes disent : L'Empire, c'est la Guerre.
» Moi, je dis : L'Empire, c'est la Paix.

» C'est la paix, car la France le désire ; et
» lorsque la France est satisfaite, le monde est
» tranquille. La gloire se lègue bien à titre d'hé-
» ritage, mais non la guerre. Est-ce que les
» Princes qui s'honoraient justement d'être les
» petits-fils de Louis XIV ont recommencé ses
» luttes ? La guerre ne se fait pas par plaisir, elle
» se fait par nécessité ; et à ces époques de tran-
» sition où, partout, à côté de tant d'élémens de
» prospérité, germent tant de causes de mort,
» on peut dire avec vérité : Malheur à celui qui
» le premier donnerait à l'Europe le signal d'une
» collision, dont les conséquences seraient incal-
» culables !

» J'en conviens, cependant, j'ai, comme l'Em-
» pereur, bien des conquêtes à faire. Je veux,
» comme lui, conquérir à la conciliation des
» partis dissidents et ramener dans le courant

» du grand fleuve populaire les dérivations hos-
» tiles qui vont se perdre sans profit pour per-
» sonne.

» Je veux conquérir à la religion, à la morale,
» à l'aisance, cette partie encore si nombreuse
» de la population qui, au milieu d'un pays de foi
» et de croyance, connaît à peine les préceptes
» du Christ; qui, au sein de la terre la plus
» fertile du monde, peut à peine jouir de ses
» produits de première nécessité.

» Nous avons d'immenses territoires incultes à
» défricher, des routes à ouvrir, des ports à creu-
» ser, des rivières à rendre navigables, des ca-
» naux à terminer, notre réseau de chemins de
» fer à compléter... Nous avons partout enfin des
» ruines à relever, de faux dieux à abattre, des
» vérités à faire triompher.

» Voilà comment je comprendrais l'Empire, si
» l'Empire doit se rétablir. Telles sont les
» conquêtes que je médite ; et vous tous qui m'en-
» tourez, qui voulez comme moi le bien de notre
» patrie, vous êtes mes soldats. » (*)

Ainsi parlait, le 9 octobre 1852, le Neveu de
Napoléon Ier, et, depuis cette époque, chaque

____

(*) *Œuvres de Napoléon III*, t. III, p. 341.

aspiration de sa grande âme, chacune de ses pensées, chacun de ses actes ont été consacrés à la réalisation de ce programme politique. La France, de son côté, avec cette intuition que Dieu accorde aux peuples comme aux individus, avait foi dans la parole de l'homme providentiel suscité pour la délivrer de l'anarchie, et sa confiance n'a fait que s'accroître de jour en jour.

Rappellerons-nous tous les grands problèmes de la civilisation et du progrès résolus par la sagesse impériale ? Il faudrait, pour ainsi dire, retracer l'histoire du règne de Napoléon III, depuis le rétablissement de l'Empire ; car, c'est surtout comme Bienfaiteur de l'humanité, Appui de la Religion, Protecteur de l'Agriculture et de l'Industrie, (*) Ami des Arts, et comme Gardien du repos de l'Europe, que le Souverain a déjà conquis une belle place dans le livre de la postérité. Les nombreux décrets insérés au *Moniteur* en font foi ; et c'est là un titre trop glorieux à la reconnaissance du pays pour que l'on doive le passer sous silence.

Ici se présente naturellement une objection, à

(*) Au moment où nous écrivons ces lignes, on prépare un ouvrage sous ce titre significatif pour la thèse que nous soutenons. *Napoléon III Economiste.*

laquelle nous devons répondre. Nous voulons parler de cette triomphante expédition de Crimée qui, comme les guerres du premier Empire, a valu à la France beaucoup de gloire contre beaucoup de sang répandu. S'il fallait en croire certains pessimistes à courte vue, certains esprits chagrins et amis du paradoxe, la guerre d'Orient pourrait être invoquée comme une contradiction avec la déclaration de Bordeaux : *L'Empire, c'est la Paix*, et constituerait le premier pas, la première étape guerrière faite dans une pensée de conquêtes et de gloire militaire.

Il est impossible de commettre une erreur plus grossière, et de donner, avec plus d'ignorance ou de mauvaise foi, ce qu'on a appelé avec raison une entorse à l'histoire. Quelques mots sur les causes de la guerre d'Orient suffiront pour établir aux yeux de tous que le Gouvernement français, loin d'être l'instigateur du conflit, n'a rien négligé pour amener une solution pacifique.

Qui donc fit les premières démarches conciliantes pour terminer le différend soulevé par la violation, en Palestine, des droits des Latins ? La France !

Avant comme après le séjour du prince Menschikoff à Constantinople, quelle puissance, de concert avec l'Autriche, la Prusse et l'Angleterre, s'interposa officieusement afin d'empêcher une guerre imminente ? La France !

Enfin, après six mois de tentatives médiatrices, dans le but de maintenir la paix, la France, qui n'avait même pas voulu repousser l'arrangement d'Olmütz, tout étrange qu'il dût paraître, fut d'accord avec le cabinet de Londres pour conseiller à la Porte de ne pas regarder comme un *casus belli* l'occupation militaire par les Russes des Provinces Danubiennes.

Est-ce là, nous le demandons à tout homme sensé et sans prévention, est-ce l'attitude d'une politique qui recherche les occasions de tirer l'épée et de prendre en Europe une position provocatrice et guerroyante ? Le bon sens répond pour nous, et la sincérité des intentions pacifiques du Gouvernement Impérial est désormais hors de cause.

Mais, d'un autre côté, si le Chef de l'Etat restait fidèle à son système de modération, il n'avait garde de sacrifier l'honneur national, et sa haute intelligence était aussi éloignée d'un sentiment de faiblesse que d'une pensée d'orgueil et d'ambition. La France ne pouvait, sans amoindrir le prestige dont elle doit jouir en Europe,

rester neutre dans un débat où les plus grands intérêts de la civilisation étaient en jeu. Sa conduite était donc toute tracée.

Qu'on n'aille pas dire que nous inventons des argumens pour les besoins du procès. Nous ne faisons ici que rendre hommage à la vérité, et nous citerons à l'appui de nos paroles le témoignage d'un écrivain de la *Revue des Deux-Mondes,* M. Eugène Forcade, qui a publié un travail estimé sur l'*Histoire des causes de la Guerre d'Orient,* en se plaçant au point de vue exclusivement patriotique. Or, voici ce que l'honorable publiciste écrivait dès l'année 1854:

« Si donc l'intérêt de la France lui commande d'empêcher l'établissement de la Russie à Constantinople, la plus simple prévoyance lui faisait une loi de s'opposer à la concession du protectorat des Grecs que voulait avoir la Russie. Ajourner une difficulté pareille par faiblesse, c'eût été la léguer plus terrible, et peut-être insurmontable, à l'avenir. Du reste, la témérité de la Russie et son mauvais vouloir contre nous ne nous ont pas laissé la faculté d'hésiter. Il ne nous a pas été permis, on l'a vu, en présence de cette question, de discuter s'il nous convenait de nous y engager, de quelle façon nous y entrerions, et avec quels alliés. Nous n'avons eu à nous mettre à la remorque d'aucune autre puissance. Nous avons été directement et personnellement pris à partie. Les projets de la Russie menaçaient les intérêts généraux de l'Europe aussi bien que les nôtres ; mais l'Empereur Nicolas a espéré tromper l'Europe, en rejetant sur nous la responsabilité de ses ambitieux calculs. Pour que la question ne parût point européenne, il a d'abord essayé de la faire française. Il est venu nous chercher à propos des Lieux-Saints une injuste chicane dans laquelle il a cru pouvoir envelopper et faire passer inaperçue sa colossale entreprise contre la Turquie. La France ne pouvait donc point ne pas regarder comme sienne cette querelle. Cette conduite lui a, grâce à Dieu, réussi, et, par un juste retour, les défiances que la Russie excitait contre nous se sont dirigées contre elle, et c'est contre elle que s'est formé le concert européen dont elle avait voulu nous exclure. »

Nous n'ajouterons rien à cette appréciation judicieuse. La vérité ne peut être établie plus clairement et d'une manière plus irréfutable. Peut-être même nous sommes-nous un peu trop appesanti sur cette question, mais comme c'était là en quelque sorte le véritable cheval de bataille

de nos adversaires, il importait de le renverser
pour réduire à néant toute leur argumenta-
tion.

III

Certes, après les preuves de modération, de
prudence et de haute sagesse, données à la France
par le Souverain qui préside à ses destinées, dans
l'époque de progrès et de conquêtes pacifiques
inaugurée par le second Empire, en présence des
paroles si franches et si loyales sorties de la bouche
de Napoléon III et destinées à combattre de regrettables inquiétudes, on a lieu de s'étonner que
le calme tarde si longtemps à rentrer dans les
esprits et qu'une agitation vague et indéfinie
vienne entraver l'élan des entreprises industrielles
et porter atteinte à la confiance, si nécessaire à
l'activité commerciale d'un pays où tous les élémens de la fortune publique s'enchaînent et se
confondent. On tremble pour la paix, on redoute
la guerre, oubliant que la guerre ne serait imminente que si le cabinet des Tuileries avait mo-
difié sa politique. Or, cette politique ne fait
intervenir le canon que lorsque les ressources de
la diplomatie sont épuisées, et elle partage l'opi-

nion du pays qui pense que la guerre, ce fléau
des peuples civilisés, est « le dernier recours du
« droit méconnu ou de l'honneur offensé. » (*) Que
faut-il de plus pour rassurer les esprits sérieux
et véritablement dignes de ce nom ? Il existe,
dit-on, une question brûlante, un problème difficile à résoudre. Nous ne l'ignorons pas, et nous
n'avons nullement l'intention d'en atténuer la
gravité et l'importance. Mais la *crise italienne*
n'a-t-elle donc point de précédent dans l'histoire,
et la diplomatie si adroite, si ingénieuse, si
puissante par les ressources multiples dont elle
dispose, n'a-t-elle pas dénoué d'autres nœuds
gordiens aussi compliqués en apparence ?

Depuis plus d'un demi-siècle, c'est l'arbitrage
pacifique des conférences et des congrès qui juge
les dissidences des souverains et des nationalités.
La guerre est l'exception, et chaque jour semble
resserrer les bornes de son domaine. Plus qu'aucune autre, peut-être, la question d'Italie, œuvre
de civilisation et d'intérêt national, est du ressort
de la diplomatie, parce que l'esprit révolutionnaire et démagogique qui, le 24 novembre 1848,
forçait le Pape Pie IX à prendre la route de l'exil
et le 30 avril 1849 accueillait à coups de fusils le

(*) Discours de M. de Morny, Président du Corps-Législatif.

drapeau français venant au secours de l'Italie, trouverait peut-être dans le tumulte d'une guerre l'occasion nouvelle d'une levée de boucliers. De sanglantes lueurs, d'horribles attentats ont prouvé que le fanatisme socialiste n'était pas mort, et que la présence de nos troupes dans les Etats romains parvenait seule à maîtriser les tentatives turbulentes des *patriotes* comme Mazzini et consorts.

Ce n'est pas, au moins, que nous croyons au triomphe du parti révolutionnaire, pas plus en Italie qu'ailleurs. La cause des partisans de l'assassinat politique est perdue devant l'Europe, et partout où il se trouvera des hommes de cœur et des honnêtes gens, le drapeau rouge de la démagogie sera l'épouvantail des populations. Mais nous savons aussi que toute commotion civile, quels qu'en soient le but et les tendances patriotiques, favorise le réveil des mauvaises passions et, dans le trouble général, permet à la lie de la société de remonter à la surface. Déjà, en 1847 et en 1848, la démagogie ennemie de l'ordre, de la religion et du Pape, qu'on a si bien appelé le Père des Souverains, a fait échouer par ses infâmes machinations les efforts de Pie IX pour régénérer l'Italie, et s'il s'agissait aujourd'hui de reprendre les intentions généreuses du Pape et de les étendre à toute la Péninsule, l'expérience du passé devrait nous mettre en garde contre toute tentative qui permettrait à l'hydre révolutionnaire de relever la tête. Voilà pourquoi les publicistes et les hommes d'Etat éclairés ont plus de confiance dans l'intervention de la diplomatie que dans l'appel aux armes, et comptent plus pour la réforme administrative des Etats romains et l'indépendance Italienne sur une médiation pacifique que sur l'apparition d'une armée plus ou moins nombreuse au-delà des Alpes.

HISTOIRE

DE LA

DOMINATION AUTRICHIENNE EN ITALIE.

IV

Puisque nous avons prononcé le mot d'*Indépendance italienne*, il importe d'en définir le caractère et de remonter, l'histoire en main, à l'origine trop peu connue de la domination des Autrichiens dans la Péninsule. Cette étude, négligée jusqu'à ce jour par les publicistes qui ont traité à différents points de vue et quelques-uns avec une autorité incontestable, la grande question actuelle, devait, au contraire, il nous semble, primer toutes les autres, et nous devons savoir gré à nos devanciers de nous avoir généreusement fait abandon du plus bel épi de la gerbe.

V

On a dit: Heureux les peuples qui n'ont pas d'histoire. A ce point de vue, quel peuple fut plus malheureux que le peuple italien qui, depuis des siècles, cherche en vain le repos et l'indépendance ?

Pour ne remonter qu'à la Révolution française, la Péninsule fut tour à tour Napoléonienne et Autrichienne, mais jamais Italienne. Cependant le drapeau de la France et l'épée de Napoléon avaient déposé, au-delà des Alpes, des idées fécondes et des germes de nationalité qui auraient déjà porté leurs fruits, si la tempête révolutionnaire n'était venue détruire les espérances des véritables amis du peuple italien. Mais lorsque le grand homme qui avait rêvé la régénération de la grande patrie italienne eut succombé sous les efforts de l'Europe coalisée, la Péninsule retomba par les traités de Vienne sous la main de fer de la domination autrichienne. Elle n'avait pendant vingt-cinq ans servi de champ de bataille aux ennemis du dedans et aux Souverains étrangers que pour descendre encore les degrés de la servitude.

« Nous avons sous les yeux la proclamation de l'Empereur d'Autriche, François I⁰ʳ, relative à la réunion du royaume de Lombardie à la monarchie autrichienne, et l'on reconnaît à peine, dans l'Italie de 1815, l'Italie de 1789. « En conséquence des traités conclus avec les puissances alliées — portait la proclamation — et des conventions amicales faites avec ces mêmes puissances, sont incorporées pour toujours à l'empire Autrichien, comme en faisant parties intégrantes, les provinces de Lombardie et des États de Venise dans toute leur étendue, jusqu'au lac Majeur et jusqu'au fleuve Ticino et Pô, ainsi que la partie du territoire de Mantoue qui est située sur la rive droite de ce dernier fleuve, et la province de la Valteline, ainsi que les comtés de Chiavenna et de Bormio. » Ces provinces devaient former ce qu'on appelle le royaume *Lombard-Vénitien*, placé sous la domination autrichienne, représentée par un vice-roi. Le royaume Lombard-Vénitien fut en outre divisé en deux gouvernements : le Milanais et le gouvernement Vénitien, séparés par le fleuve Mincio.

Là, ne se bornaient pas les servitudes imposées à la Péninsule par les traités de 1815. Les princes de Toscane, de Modène et de Parme, n'étaient que les vassaux de la couronne d'Autriche. L'Italie centrale était surveillée par les garnisons que l'Empereur avait droit d'entretenir à Ferrare, à Plaisance, à Commacchia, et par le Tessin, le vainqueur tenait en respect le Piémont. A Rome, à Naples et en Sardaigne, l'Autriche ne dominait plus par ses soldats et ses canons, mais par une influence morale dont la pression était non moins fatale à la nationalité italienne.

Telle était la situation de l'Italie après les traités de Vienne, telle est encore sa situation, au moment où nous écrivons ces lignes, malgré ses nobles aspirations à l'indépendance et ses patriotiques efforts pour repousser l'étranger. Mais ce qui a toujours manqué à l'Italie, c'est l'union de ces forces vives, des élémens constitutifs d'un état; religion, pouvoir, liberté, doivent marcher de front et non point se combattre. Ce sont les membres d'un même corps et les artères d'un seul cœur; on ne peut atteindre l'une sans atteindre les deux autres.

VI

On aurait pu croire que les traités qui venaient de replacer sous la main pesante de l'Autriche un royaume de cinq millions d'habitants et de quatre-vingt-quatre millions de revenus, ne devaient rien laisser à faire au système le plus rétrograde et le plus égoïste. Le cabinet de Vienne parvint cependant à surenchérir encore sur les malheurs de l'Italie et à rendre intolérable pour ainsi dire l'exercice de son pouvoir. A Rome même, malgré le caractère modéré de Pie VII, aucune amélioration ne fut introduite dans le régime administratif. « L'état pontifical, dit un historien, se divisa en dix-huit légations, comprenant quarante-quatre districts et six cent vingt-six communes. Mais toutes les légations furent confiées à des prélats; on ne laissa aucune indépendance au gonfalonier et aux *anziani* des communes. Rome et Bologne, les deux principales villes mises en dehors du droit commun, la première avec ses *conservateurs* et son *sénateur*, la seconde avec son conseil de quarante *sages* et ses six *conservateurs*, magistrats d'apparat sans puissance réelle, n'eurent que l'ombre d'un gouvernement municipal. Dans l'ordre judiciaire, à côté de juges de paix, de tribunaux de première instance et de cours d'appel à Rome, à Bologne et à Macereta, on institua *quatorze* tribunaux d'exception, inaccessibles aux laïques, et dont ressortiront réellement tous les jugemens d'importance. Enfin, Pie VII rétablit les jésuites, restaura l'inquisition, supprima. le code français au profit des quatre-vingt-quatre mille lois en vigueur avant la révolution; rendit aux barons, au clergé, presque tous les anciens priviléges; et ne conserva guère de la domination française que le système des impôts, sans préjudice de quelques anciennes taxes aussi rétablies. »

En Sardaigne, à Naples, en Toscane, à Modène, à Parme, à Florence, partout enfin, depuis les Alpes jusqu'au golfe de Tarente, l'oppression pesa durement sur le patriotisme italien.

C'était préparer d'avance une réaction; elle ne se fit pas attendre. Favorisé dans son essor par les chants inspirés d'une littérature libérale, appuyé par le *carbonarisme* et les *ventes*, un mouvement insurrectionnel éclata à Naples, ayant à sa tête le général Guillaume Pepe. Une constitution fut réclamée impérieusement par la révolution triomphante et obtenue sans coup férir. Ce fut la traînée de poudre qui communiqua le feu de la révolte à toute l'Italie. Il ne s'agissait de rien moins que de soustraire la Lombardie au despotisme autrichien. Un soulèvement eut lieu à Palerme, mais des dissensions intestines avec le nouveau gouvernement de Naples les fit échouer tous les deux. On tourna de nouveau les yeux du côté du Piémont, et bientôt l'insurrection éclata à Pignerolles, à Asti, à Alexandrie, aux cris patriotiques de: *Guerre à l'Autriche!* Ici se place l'abdication de Victor-Emmanuel en faveur de son frère Charles-Félix; malheureusement, à quelques jours de là, la défaite des Napolitains à Rieti et des Piémontais à Novarre ouvrait de nouveau la porte au despotisme autrichien.

Il signala son retour par d'implacables vengeances. C'est ainsi qu'à Venise, le poète Silvio Pellico était jeté dans les fers. Le nom de ses oppresseurs a été oublié, celui de leur victime passera à la postérité!

VII

Nous l'avons dit, au commencement de ce chapitre, c'est une histoire pleine de trouble, d'agitation et de généreuses aspirations à l'indépendance; que celle de l'Italie depuis 1815, date mémorable puisqu'elle rappelle à la France l'invasion étrangère et à la Péninsule son asservissement. Seulement, de ce côté des Alpes, si nous avons perdu de précieuses conquêtes, nous avons vu les Cosaques et les Prussiens repasser nos frontières, tandis que la nationalité italienne a toujours sous les yeux l'habit blanc du soldat

autrichien. Pour nous, 1815 est un douloureux
souvenir; pour nos voisins, c'est une blessure
profonde faite au cœur même de la patrie, et nos
vœux ardents en faveur d'une politique de paix
ne nous empêchent pas de comprendre et d'ap-
précier des maux qui nous reportent par la pensée
vers des jours de deuil.

Pendant qu'à Paris une révolution renversait la
dynastie des Bourbons pour lui substituer la branche d'Orléans dans la personne du roi Louis-Philippe, l'Italie, subissant de plus en plus l'influence
de la domination étrangère, souffrait en silence,
comme l'esclave captive. Mais le feu couvait sous
la cendre, et le calme recelait la tempête. Elle
éclata bientôt à Bologne et envahit rapidement
tout le centre de l'Italie. Modène, Ferrare, Parme,
les légations de Rome et l'Ombrie prirent part
au soulèvement qui aboutit à la proclamation à
Bologne du *Statut constitutionnel provisoire des
Provinces-Unies italiennes.* Les révoltés comptaient
sur le concours de la France, mais le nouveau
gouvernement avait proclamé le principe de la
non-intervention, et il laissa l'Autriche prendre
une cruelle revanche, où la trahison eut une trop
grande part pour l'honneur de l'aigle autrichien.
Cependant, cette tentative malheureuse ne
resta pas complètement stérile, et, sur l'initiative

de la France, un *mémorandum* signé par les ministres des cinq grandes puissances, proposa des réformes administratives et politiques pour Rome et les Légations. On promit beaucoup et on ne tint rien. Bien plus, s'autorisant de certaines rixes sanglantes, le gouvernement autrichien fit occuper de nouveau Bologne. C'était un odieux abus de domination. Le cabinet des Tuileries protesta par l'occupation d'Ancône, qui dura jusqu'en 1838. Hélas! il aurait fallu un concours autrement énergique pour sauver la nationalité italienne!

VIII

Un fait digne de remarque dans l'histoire de l'Italie, sous la domination autrichienne, c'est que chacun des efforts de ce peuple, dont les origines furent si glorieuses, ne font que river plus étroitement les fers qui enchaînent son indépendance. Après l'insurrection de la Romagne, comme après les soulèvemens de 1830, l'Autriche redoubla de sévérité, et augmenta ses troupes en Lombardie pour appuyer par la force, son système de terreur. C'était préparer à ce malheureux pays une ère nouvelle de révolutions et de radicalisme, issus des sociétés secrètes ; double fléau pour cette contrée , puisqu'elle devait désormais redouter et ses oppresseurs et ses prétendus libérateurs. Les derniers ont été et sont peut-être encore ses plus cruels ennemis.

C'est à ce moment qu'apparaît Mazzini, l'apôtre du républicanisme le plus fougueux et le plus subversif. Ses actes sont aussi connus que ses projets sanguinaires. Nous le retrouvons partout où les idées de trouble, de désordre, sont venues combattre les efforts des hommes éclairés et des gouvernements favorables à l'émancipation italienne. De pareils hommes compromettent les meilleures causes. C'est ce qui a eu lieu pour la Péninsule.

IX

Cependant, la fatalité qui semblait peser sur ce peuple si grand dans l'antiquité, si malheureux depuis plus d'un demi siècle, suspendit un jour ses coups. Ce fut à l'avènement de Pie IX au trône pontifical. Mastaï Ferrati se présenta tout d'abord aux yeux de l'Italie et de l'Europe, comme l'homme providentiel qui portait dans les plis de sa robe le salut de la patrie, régénérée au nom de la religion et de l'humanité.

On n'a pas oublié, on n'oubliera jamais l'enthousiasme universel qui accueillit l'avènement à la chaire de saint Pierre du Pontife dont toutes les paroles, tous les actes révélaient les nobles et généreuses intentions. Les Romains et toute l'Italie voyaient dans Pie IX le régénérateur de la nationalité Italienne. C'est alors que fut sérieusement agité le projet de la formation d'une ligue de tous les Etats de l'Italie, sous la présidence du Pape, et l'histoire impartiale ne saurait oublier qu'en 1847, le gouvernement français, avec l'aveu de l'Autriche, s'efforçait de favoriser cette combinaison fédérative nettement formulée dans le livre du *Primato* de l'abbé Gioberti. Mais ce moment si beau pour l'Italie fut de courte durée, et le mouvement réformateur de Pie IX, imité par les autres princes italiens, vint se briser contre les audacieuses tentatives des chefs révolutionnaires qui se sentaient soutenus par la démagogie française de 1848.

Nous passerons rapidement sur cette époque fatale à la nationalité Italienne. Les succès de Charles-Albert furent bientôt suivis d'épouvan-

tables revers. Le Pape reculant devant l'Europe
révolutionnaire, et l'indépendance italienne écrasée à Custozza, le drapeau républicain arboré à
Rome, à Venise, à Milan, et l'Italie succombant
à Novarre, tandis que l'armée française accourt
pour défendre le Vatican menacé et ramener victorieusement le Pontife exilé : tel est le résumé
de l'histoire de la Péninsule et des dernières
convulsions de cette nationalité qu'on a pu vaincre,
mais jamais abattre. De pareilles infortunes commandent le respect, sinon la sympathie, et certainement, tous les hommes de cœur signeraient
avec nous les lignes suivantes, tracées par un
éminent écrivain (*), M. Granier de Cassagnac,
député au Corps-Législatif : « Quoique l'autorité
« de la maison de Hapsbourg soit, par-delà les
« monts, aussi légitime que séculaire, on com
« prend que l'esprit de nationalité Lombarde,
« excité et développé par les souvenirs de la Ré
« publique Cisalpine et du royaume d'Italie, ait
« trouvé, depuis trente ans, des apôtres et des
« martyrs. On peut ne pas partager de telles es
« pérances, mais il serait difficile de ne pas
« honorer de tels sentiments. »

_____

(*) *Histoire de la chute du roi Louis-Philippe, de la République de 1848 et du Rétablissement de l'Empire*, t. 2, p. 62.

« Là est tout le secret de cette *Question d'Italie*, si obscure en apparence, si simple en réalité, et dont la solution occupe, en ce moment, tous les diplomates de l'Europe.

Quand on envisage cette question sous son véritable jour, peut-on croire qu'elle porte dans ses flancs, comme le cheval de Troie, tout un arsenal de guerre et les fléaux d'une coalition européenne?

Non, mille fois non!..

La position géographique de la Péninsule, ainsi qu'on peut le voir sur la carte qui accompagne cet opuscule, ne la destine évidemment pas à servir de champ de bataille aux chocs — si on devait les redouter — des nations placées à la tête de la civilisation.

Mais, d'un autre côté, ainsi que le faisait remarquer M. le comte Walewski, plénipotentiaire de la France, au Congrès de Paris, « la tranquillité « des États Romains, dont dépend celle de toute « l'Italie, touche de trop près au maintien de « l'ordre en Europe pour que la France n'ait pas « un intérêt majeur à y concourir par tous les

« moyens eh son pouvoir. » Ces moyens, avec la noble fermeté et la bienveillante modération qui dirige la politique du cabinet des Tuileries, ce sont évidemment les armes do la persuasion et l'arbitrage pacifique de la diplomatie. C'est le triomphe des idées sur les entreprises belliqueuses. Du reste, ainsi qu'il est dit dans une brochure retentissante, puisqu'il faut toujours finir par s'entendre, que l'on commence donc par là ! Le sang versé et les larmes des mères no profitent à personne.

XI

Voilà notre opinion sur les difficultés pendantes. Bien des choses ont été dites depuis quelques semaines sur ce sujet, et il semble que les organes de la Presse française ordinairement trop silencieux sur les questions de leur ressort, aient voulu se dédommager en organisant une véritable croisade, les uns pour la guerre, les autres pour la paix. La vérité est probablement entre les deux opinions extrêmes, et pour quiconque prête attentivement l'oreille aux bruits du dehors, si la balance penche d'un côté, c'est en faveur du maintien de la tranquillité générale.

Mais, nous ne saurions trop le répéter, si l'opinion est vivement opposée à toute politique d'agression, elle n'hésiterait pas, un seul instant, à faire intervenir le canon, si l'honneur et la dignité nationale l'exigeaient. *Ni provoquer, ni faiblir*, voilà la devise de la France impériale, et elle saura lui rester fidèle.

Quelques personnes, évidemment mal renseignées, ont laissé entendre que le monde des affaires, les hommes adonnés aux entreprises industrielles et agricoles, les représentants de la finance et de la spéculation étaient les seuls à redouter la guerre et à faire des vœux ardents en faveur de la paix. C'est là une erreur grave et un blâme gratuit que nous repoussons avec énergie. La nation est une, et son patriotisme passe avant ses intérêts.

Seulement, la classe nombreuse, l'immense majorité de la population, pourrions-nous dire, dans laquelle se personnifient l'industrie et le commerce français, apporte, par habitude, plus de calme et plus de sérieux dans ses jugements

Est-ce donc un si grand tort que de savoir réfléchir avant de parler et de faire acte de prudence lorsqu'il s'agit du plus grand des bienfaits de la civilisation, de la paix et de l'ordre?

Mais que ceux auxquels nous répondons le sachent bien, ce ne sont pas les plus exaltés avant la bataille qui sont les plus intrépides dans la mêlée, et si l'honneur du drapeau nécessitait un appel aux armes, les capitalistes ne seraient pas en retard de dévouement ni de patriotisme. Qu'on se rappelle l'accueil enthousiaste fait aux trois emprunts pour la guerre d'Orient. Ce même empressement éclaterait, si nos troupes devaient entrer en campagne, et nous plaignons beaucoup ceux qui ne partagent pas cette conviction.

XIII

Un mot encore au sujet des traités dont nous avons fait connaître la teneur et l'influence sur l'avenir de la nationalité italienne. Faut-il les respecter? Faut-il en poursuivre la rupture, les armes à la main? Aucun gouvernement n'oserait assumer sur lui une pareille responsabilité. Mais cependant, lorsque ces stipulations internationales, surannées et funestes, ne répondent plus aux nécessités de l'époque, il serait absurde de prétendre les éterniser sur la terre. Il n'y a rien d'immuable sous le soleil, et les lois qui régissent les nations comme les lois civiles ne peuvent échapper à l'action dissolvante du temps et des révolutions. Dans ce cas, on ne déchire pas les traités, on les modifie, et ceux qui les ont signés ne font que les approprier à des situations nouvelles et imprévues dans l'origine. C'est l'œuvre naturelle de la diplomatie, et l'Autriche elle-même qui résisterait certainement à une pression violente ne saurait, sans imprudence, repousser une médiation loyale et désintéressée.

XIV

Mais, objectera-t-on, sans doute: pourquoi ces préparatifs de guerre qui se font par les ordres du gouvernement? N'est-ce pas là une indication bien nette de ses projets, et, si le cabinet des Tuileries ne croyait pas, lui-même, à des éventualités belliqueuses, se mettrait-il en mesure d'entrer en campagne?

Nous ne rappellerons pas l'axiôme trop connu

en politique : *si vis pacem para bellum,* mais nous dirons que le chef de l'Etat donne là une nouvelle preuve de la sagesse de son administration. Voilà tout.

Comment ! une question brûlante s'élève tout-à-coup sur le terrain de la politique extérieure ; toute l'Europe inquiète et préoccupée porte ses regards sur la Péninsule, où des symptômes mal dissimulés accusent ouvertement une fermentation anormale dans les esprits, et l'on s'étonne qu'une nation, placée en tête des idées sagement progressives, prenne les mesures les plus élémentaires de la prudence ! L'avenir n'appartient qu'à Dieu, et dans l'incertitude des événemens, un grand pays doit se tenir sur la défensive afin de n'être jamais pris à l'improviste. Est-ce que l'Angleterre ne poursuit pas depuis plusieurs mois avec une ardeur extraordinaire l'accroissement de sa marine ? Et cependant, qui donc en France se montrerait assez naïf pour voir dans cette activité d'une nation, justement fière de sa puissance maritime, un présage sinistre pour le maintien de l'alliance anglo-française ? Serons-nous plus mauvais juge dans notre propre cause, et imiterons-nous la susceptibilité proverbiale de certaines feuilles britanniques qui ne peuvent voir poindre à l'horizon le pavillon tricolore, ou entendre tirer

un coup de canon sans croire à une descente des
armées françaises sur les côtes d'Angleterre !
Laissons aux enfans ces paniques ridicules, et ne
nous forgeons pas des chimères indignes d'un
peuple où la bravoure est une tradition de famille.

XV

Résumons-nous avant de terminer cette étude :
La *Question d'Italie* vient d'être posée dans les
chancelleries de l'Europe. Attendons avec calme
et avec confiance dans la sagesse de Napoléon III
le résultat des démarches de la diplomatie. Ne
nous exagérons ni la gravité de la situation, ni la
nature des difficultés pendantes. Rappelons-nous
que le Souverain, qui, comme le Premier Consul,
apparaissant tout-à-coup au milieu de l'orage révolutionnaire, sut rétablir, en France, l'ordre et
la sécurité, saurait également assurer, en cas de
péril, le salut de la patrie. Mais nous persistons
à croire que la paix ne sera pas troublée, au
moins dans le présent, et nous basons notre manière de voir sur l'éloignement des principaux
cabinets de l'Europe pour les hasards de la guerre.

C'est la conséquence de cette vérité mise en lumière par un grand historien : (*) « le principe « fondamental de la société moderne, c'est le « pouvoir civil. L'esprit militaire est mort et ne « saurait revivre. » Et cette même pensée a été formulée en ces termes remarquables par une voix auguste : « La France, lors de sa première « révolution, a été guerrière, parce qu'on l'avait « forcée de l'être. A l'invasion, elle répondit par « la conquête. Aujourd'hui (c'était en 1848), « qu'elle n'est pas provoquée, elle peut consacrer « ses ressources aux améliorations pacifiques , « sans renoncer à une politique loyale et résolue. « Une grande nation doit se taire ou ne jamais « parler en vain. (*)

Ce qui veut dire que l'honneur national que la modération ennoblit, trouvera toujours dans l'héritier de Napoléon Ier un défenseur convaincu. Et si, un jour, des éventualités dont le secret appartient à l'avenir se faisaient jour , alors, tous les hommes dévoués à la politique nationale du chef de l'Etat, et aujourd'hui partisans d'une paix honorable et digne, changeraient de langage.

(*) M. Thiers.

(*) *Œuvres de Napoléon III*, t. III. — *Louis-Napoléon Bonaparte à ses concitoyens.*

Laissons au bon génie de la France le soin de diriger ses destinées futures et reprenons confiance dans le présent. La politique du second Empire, issu du vœu populaire, sera toujours conforme aux intérêts et à la dignité du pays. C'est la conviction profonde de l'auteur de ce modeste et sincère opuscule.

FIN.

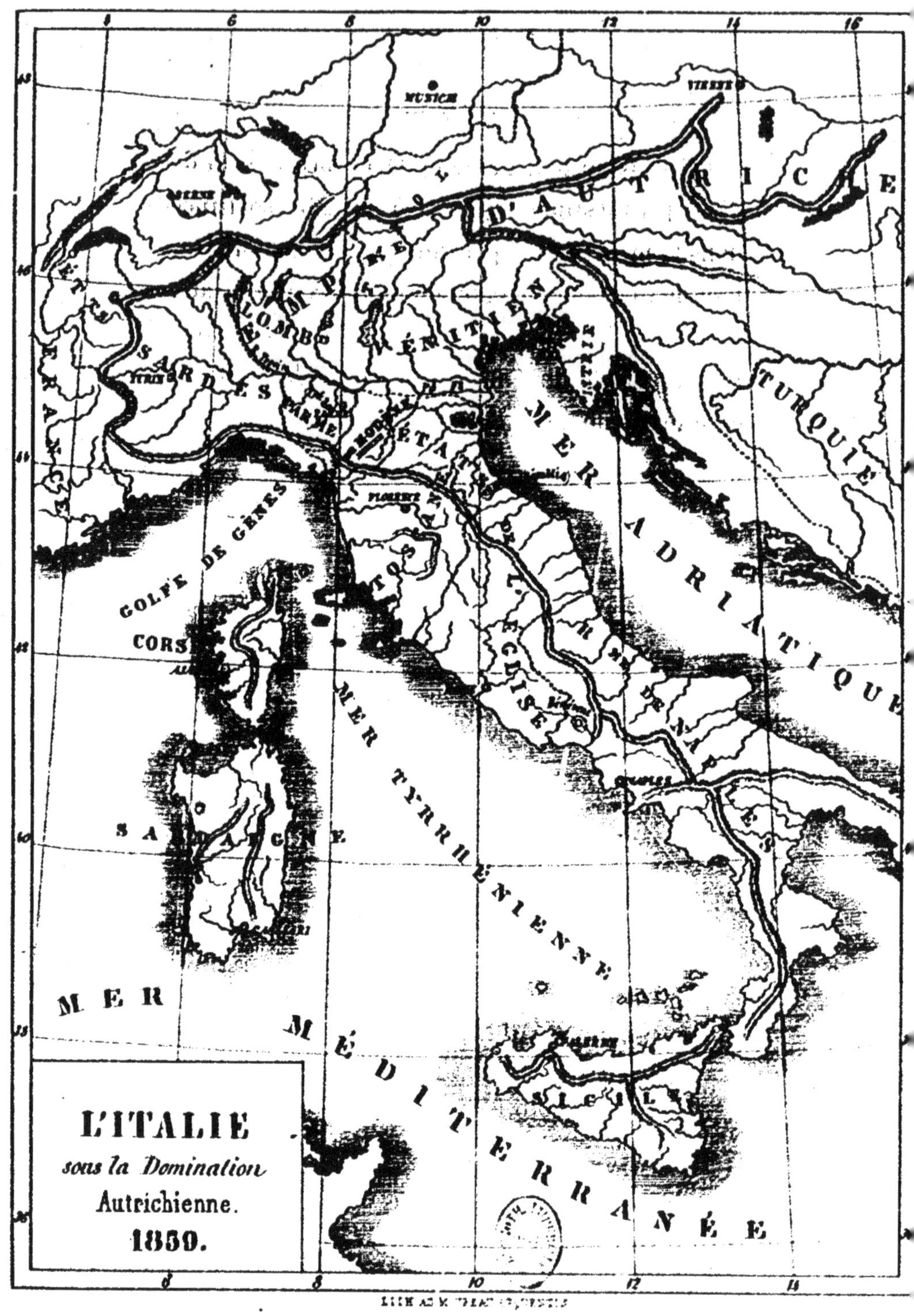

FRANCE
MUNICH
EMPIRE D'AUTRICHE
TURQUIE
LOMBARDO
SARDES
VÉNITIEN
PARME
ÉTATS
FLORENCE
TOSCANE
MER ADRIATIQUE
GOLFE DE GÈNES
CORSE
ÉGLISE
MER TYRRHÉNIENNE
SARDAIGNE
NAPLES
MER
MÉDITERRANÉE
SICILE
L'ITALIE
sous la Domination
Autrichienne.
1850.

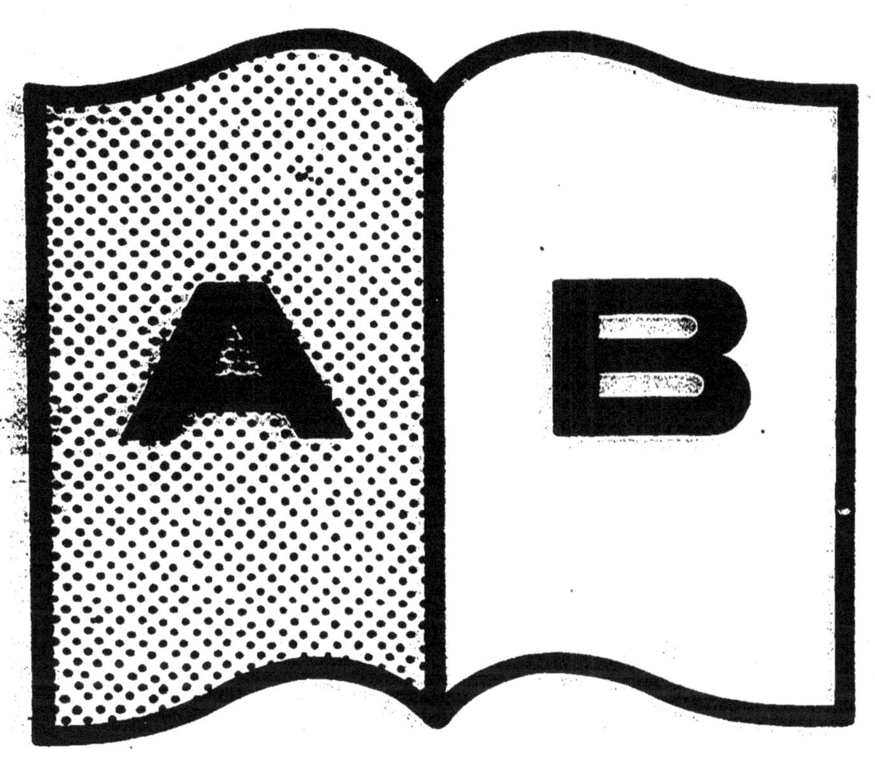

Contraste insuffisant

NF Z 43-120-14